LA BATAILLE DE TRAFALGAR

Le combat naval qui ruine les ambitions anglaises de Napoléon

ParJonathan Duhoux
Dirigé par Thomas Jacquemin et Mélanie Mettra

50MINUTES.fr

LA BATAILLE DE TRAFALGAR

INTRODUCTION

Aux yeux de l'histoire, la France et l'Angleterre pourraient presque être considérées comme des ennemis éternels. Même si depuis la seconde moitié du XXe siècle, les deux pays s'orientent vers une coopération militaire renforcée, les rivalités n'ont pas disparu. Les écoliers apprennent toujours la longue liste des affrontements et des tensions qui ont pu naître entre les deux nations : de la guerre de Cent Ans (1337-1453) à la crise de Suez (1956), en passant par les antagonismes coloniaux du XVIIIe siècle.

La bataille de Trafalgar est un exemple parmi tant d'autres de la lutte continuelle que se livrent les deux puissances. Après la paix d'Amiens (25 mars 1802) qui ne dure qu'un an, les deux pays se déclarent à nouveau la guerre le 18 mai 1803. Napoléon Ier (1769-1821) a en effet décidé de porter un coup décisif à son dangereux adversaire en débarquant sur son propre territoire. Mais il doit avant tout vaincre l'Angleterre sur son terrain de prédilection : la mer.

Le 21 octobre 1805, la flotte franco-espagnole, commandée par l'amiral Villeneuve, est interceptée par les navires anglais de l'amiral Nelson, au niveau du cap de Trafalgar. Les forces franco-espagnoles sont légèrement plus nombreuses, mais les équipages anglais sont largement supérieurs, tant au niveau de la discipline que de l'expérience ou de l'équipement. L'affrontement marquera l'histoire durablement.

DONNÉES-CLÉS

- **Quand ?** Le 21 octobre 1805
- **Où ?** Au cap de Trafalgar (Espagne)
- **Contexte ?** Les guerres napoléoniennes (1803-1815)
- **Belligérants ?** Le Royaume-Uni, l'Empire français et le royaume d'Espagne
- **Acteurs principaux ?**
  - Horatio Nelson, amiral anglais (1758-1805)
  - Cuthbert Collingwood, amiral anglais (1750-1810)
  - Pierre Charles de Villeneuve, vice-amiral français (1763-1806)
  - Federico Carlos, amiral espagnol (1756-1806)
- **Issue ?** Victoire anglaise
- **Victimes ?**
  - Camp anglais : environ 400 morts et 1 200 blessés
  - Camp espagnol : environ 1 000 morts et 2 500 blessés
  - Camp français : environ 3 400 morts et 1 200 blessés

CONTEXTE POLITIQUE, SOCIAL ET ÉCONOMIQUE

UNE FRANCE MENAÇANTE

Durant la seconde moitié du XVIIIe siècle, la France perd de sa grandeur sur la scène internationale au profit de sa rivale, l'Angleterre. En effet, après avoir perdu la guerre de Sept Ans (1756-1763), Louis XV doit céder aux Britanniques de nombreux territoires coloniaux, dont l'Inde et la Nouvelle-France.

LA GUERRE DE SEPT ANS

La guerre de Sept Ans oppose essentiellement la France et l'Angleterre pour le contrôle des colonies. Par le jeu des alliances, la Prusse rejoint le camp de cette dernière, tandis que la Russie, l'Autriche et plus tard l'Espagne se rallient à la France. Le camp français remporte quelques victoires au début du conflit, aussi bien en

Europe que dans le reste du monde. Mais les Britanniques finissent par s'emparer de Québec, puis de Montréal, s'assurant ainsi la suprématie en Amérique du Nord. Poursuivant sur leur lancée, les Anglais prennent également aux Français et aux Espagnols de nombreuses îles des Caraïbes. En Asie, les troupes anglaises finissent par écraser celles de Louis XV, et chassent les Espagnols des Philippines. Ces nouveaux échecs contraignent le monarque français à signer, le 10 février 1763, le traité de Paris, mettant fin à la guerre. L'Angleterre, en position de force, obtient de ce fait de nombreux territoires, tels qu'une vaste partie du Canada, la plupart des îles des Caraïbes, l'Inde, et une partie du Sénégal.

Le pays doit également faire face à quelques troubles politiques et économiques qui surviennent à la fin du XVIIIe siècle et qui le rendent instable. Pourtant, de 1792 à 1815, la France renaît de ses cendres et domine à nouveau l'Europe. Comment l'expliquer ? Les causes sont multiples, mais la Révolution française (1789) et le génie de Napoléon Bonaparte y jouent un rôle essentiel.

La première raison est d'ordre intellectuel. Avant d'être une nation militaire, la France est une nation des idées. Le siècle des Lumières a posé les bases des droits de l'homme. De grands auteurs, comme Voltaire (1694-1778) et Rousseau (1712-1778), sont lus partout en Europe. La culture française est jugée prestigieuse, et sa langue est utilisée dans tous les documents diplomatiques. Les artistes originaires de France sont donc accueillis à bras ouverts dans toutes les cours européennes. Le domaine scientifique n'est pas en reste, avec des figures comme Lavoisier (chimiste français, 1743-1794), Lamarck (naturaliste français, 1744-1829) ou encore le marquis de Laplace (astronome, mathématicien et physicien français, 1749-1827). Dans un tel contexte, la presse joue un rôle très important, en transmettant les idées de liberté et d'égalité. Elle est d'ailleurs un outil de propagande extrêmement important, que Napoléon Bonaparte n'hésitera pas à exploiter pour galvaniser son empire et effrayer ses adversaires.

Le poids démographique du pays est une autre cause de la prépondérance française. Si la réserve de combattants n'est pas inépuisable, elle reste néanmoins impressionnante. Au moment de la Révolution, la France compte environ 28 millions d'habitants. Une forte natalité couplée à une baisse de la mortalité augmente plus encore cette puissance démographique. On peut estimer qu'à la proclamation de l'empire, le 18 mai 1804, le pays compte environ 29 millions d'habitants. Mais si l'on tient compte de l'annexion de certains pays (la future Belgique, le Piémont, etc.) et des différents alliés sur lesquels la France peut compter (la Hollande, certains cantons suisses, etc.), Napoléon Ier s'appuie sur une population de 40 millions de personnes. En comparaison, l'Angleterre compte moins de 8 millions d'habitants à la même époque, et ce malgré une forte natalité.

Mais, à la veille de la Révolution, l'armée française n'a pas une bonne réputation : les troupes sont désœuvrées, croupissent dans les garnisons et ne sont guère disciplinées. Toutefois, des théoriciens militaires français marquent cette époque par plusieurs écrits. Parmi eux, le capitaine Thomas-Auguste de Grandmaison (1715-1801) développe la technique de la guérilla, tandis que le comte de Guibert (général et écrivain militaire français, 1744-1790) s'intéresse à l'importance des armées nationales, et que Lloyd (général français, 1718-1783) insiste sur la motivation des troupes. En appliquant ces théories, la France de la Révolution lance le principe de la réquisition : tout citoyen est tenu d'effectuer son service militaire. Le Directoire (régime français, 1795-1799) lui préfère le principe de la conscription qui veut que tous les Français âgés de 20 à 25 ans soient appelés à servir. Bien plus efficace, la conscription permet de lever des réserves de soldats dans la force de l'âge, sans les arracher de force à leur foyer. Chaque année, plus de 200 000 hommes prennent ainsi l'uniforme. Ils sont organisés en divisions de 12 000 hommes, autonomes et mobiles. Mais, faute de temps pour les entraîner, les généraux abandonnent les formations de combat classiques. Ils innovent alors en mélangeant l'artillerie, la cavalerie et l'infanterie, ce qui permet aux divisions d'être plus polyvalentes. Napoléon Ier reprendra l'essentiel de ces changements et décide d'incorporer la presse dans la logistique. Ainsi, la population civile sera informée des victoires de l'Empereur, ce qui lui assure le soutien du peuple grâce à la propagande.

NAPOLÉON IER, L'AVÈNEMENT D'UN GÉANT

Au début du XIXe siècle, l'histoire de l'Europe est indissociable d'une figure française : Napoléon Bonaparte. Le futur empereur est avant tout un général forgé par la Révolution. Il se démarque en Italie et en Orient durant la Première République (1792-1804). Dès l'instauration du nouveau régime, Napoléon s'efforce de détruire les coalitions, financées et organisées par la Grande-Bretagne, qui ont pour but de faire tomber la France révolutionnaire. En 1799, Napoléon devient premier consul par un coup d'État, et est proclamé consul à vie en 1802, puis empereur en 1804.

Adulé par les uns, haï par les autres, c'est avant tout par son génie militaire que Napoléon Bonaparte marque les esprits. Peu à peu, il parvient à contrôler une grande partie de l'Europe occidentale par des annexions et des alliances. Malgré la défaite de la marine française à Trafalgar, l'Empereur semble imbattable. Il enchaîne de nombreuses victoires : à Austerlitz (2 décembre 1805), où il écrase les forces austro-russes, à Iéna (14 octobre 1806), où il repousse les Prussiens, ou encore à Friedland (14 juin 1807), où il s'impose face aux Russes.

Contrairement à ce que l'histoire retient, Napoléon Bonaparte ne néglige pas sa marine. Même si les ambitions navales de l'Empereur sont souvent éclipsées par ses exploits sur le continent, il est assez fin tacticien dans ce domaine. Bonaparte est en effet né dans un port à Ajaccio, où il s'est intéressé dès son plus jeune âge au trafic maritime entre la Corse et le continent. Quand il s'empare de Venise en 1797, Napoléon met directement la main sur ses frégates, car il connaît leur importance stratégique. Quant à son expédition en Égypte, en 1798, elle est très bien orchestrée du point de vue maritime, malgré des conditions difficiles et l'échec d'Aboukir (1er et 2 août 1798).

En dépit de ces nombreux succès, le Royaume-Uni, bien protégé par son excellente marine (la *Royal Navy*), s'obstine à faire tomber Napoléon Ier.

La couronne d'Angleterre finance des coalitions toujours plus importantes, qui finissent par faire pencher la balance en leur faveur. Les alliés remportent une victoire décisive à la bataille de Vitoria (Espagne) le 21 juin 1813, qui est bientôt suivie par la défaite de Napoléon Ier à la bataille de Leipzig, en octobre 1813. Perdant le soutien d'une grande partie de la France et de ses alliés, l'Empereur finit par perdre Paris en mars 1814. Il se retire sur l'île d'Elbe, tente une dernière offensive avec la campagne des Cent-Jours en 1815, mais est définitivement défait à Waterloo, le 18 juin.

ABOUKIR, PRÉLUDE À LA BATAILLE DE TRAFALGAR

En 1798, Napoléon Bonaparte envahit l'Égypte afin d'y établir une tête de pont qui servira à menacer l'Inde britannique. Coupée d'une importante source de profit, la France espère ainsi obliger l'Angleterre à signer un traité de paix. L'Empereur compte d'ailleurs sur les menaces de révolte en Irlande pour détourner l'attention des Anglais. Mais c'était sans compter sur la vigilance de l'amiral Horatio Nelson, qui poursuit la flotte française durant deux mois en Méditerranée. Les projets de l'Empereur étant restés secrets, Napoléon parvient à prendre Malte et à débarquer en Égypte, dans la baie d'Aboukir, non loin d'Alexandrie.

L'amiral François Paul Brueys (1753-1798), commandant la flotte française, établit un blocus défensif des navires dans cette baie. Mais Horatio Nelson le retrouve et passe à l'attaque dans la nuit du 1er au 2 août 1798, prenant Brueys par surprise. Malgré les manœuvres de diversion françaises, l'amiral anglais garde son objectif en tête. La flotte britannique se place donc sur une double ligne d'attaque, isole les navires français un par un, et les prend au dépourvu sous un tir croisé. Alors que les forces sont globalement égales, la flotte française est écrasée après trois heures de combat. Au cours des échauffourées, l'amiral Brueys meurt dans l'explosion de son navire. Placé à l'arrière, l'amiral Villeneuve observe le combat sans y participer et finit par fuir la zone de combat pour éviter des pertes supplémentaires, mais il n'oubliera jamais la stratégie de Nelson.

Avec la bataille d'Aboukir, la flotte britannique réaffirme sa supériorité maritime. Mais elle fait surtout naître un désir de revanche du côté français, qui aboutira, sept ans plus tard, à la bataille de Trafalgar.

ACTEURS PRINCIPAUX

HORATIO NELSON, AMIRAL ANGLAIS

Né en 1758, Horatio Nelson souhaite très tôt prendre la mer malgré une santé fragile. Il embarque sur le navire de son oncle, le *commodore* Maurice Sucking (1726-1778). Il prend part, en 1772, à une expédition qui vise à explorer le pôle Nord. Le jeune homme est ensuite affecté en Jamaïque en 1775, avant de mener un voyage d'études le long des côtes du Danemark en 1781. Deux ans plus tard, la paix lui permet d'aller brièvement étudier le français à Saint-Omer (Pas-de-Calais, France). L'année suivante, il retourne en Jamaïque, qu'il défend victorieusement contre les Américains. Suite à son mariage en 1787, Nelson abandonne la mer pour quelques années.

Il reprend le commandement d'un navire en 1793, et est affecté à Naples. Après sa nomination en tant que *commodore* (grade intermédiaire entre capitaine de vaisseau et contre-amiral) de la Méditerranée, Nelson se distingue lors de plusieurs batailles, et commence à forger sa réputation. Lors du siège de Calvi (Haute-Corse) en 1794, il perd un œil. En 1797, il fait preuve d'initiative lors de la bataille du cap Saint-Vincent, mais son rôle est minimisé car il a désobéi aux ordres. Il est cependant élevé au rang de contre-amiral. Blessé lors d'un combat sur l'île de Tenerife (située dans les îles Canaries), il perd l'un de ses bras, mais continue sa lutte contre les Français en Méditerranée. Au cours de la campagne d'Égypte (1798-1801), il parvient à intercepter leur flotte et, face à l'indécision des amiraux français, Nelson joue d'audace en attaquant le premier. Grâce à sa victoire à la bataille d'Aboukir, l'Angleterre affirme une nouvelle fois sa suprématie sur les mers et les colonies. En remerciement, Horatio Nelson est couvert de gloire, de titres et de richesses.

Mais la lutte n'est pas finie. En 1799, il choisit de défendre Naples, qui, galvanisée par la victoire d'Aboukir, avait déclaré la guerre à la France contre les partisans de Napoléon Ier. Une fois les Français chassés de la ville, Nelson approuve une vague d'exécutions pour l'exemple. En remerciement de ses services et de sa fidélité, il reçoit le titre de duc et une pension confortable. Horatio Nelson rentre ensuite en Angleterre avec Emma Hamilton (1765-1815), qui devient sa femme.

En 1801, lors de la bataille de Copenhague, il dirige une escadre de navires en tant que second commandant. Sous les ordres de l'amiral sir Hyde Parker (1739-1807), les navires anglais écrasent la flotte danoise et imposent une paix profitable pour la Grande-Bretagne. Pendant ce temps, Napoléon Ier prépare sa revanche, désireux d'envahir l'Angleterre. Si personne n'ignore que l'Empereur construit sa flottille à Boulogne, Nelson tente à deux reprises d'anéantir cette menace, mais il échoue. Il ne parvient pas non plus à intercepter l'amiral français Villeneuve, qui se dirige vers l'Amérique, lors de la grande manœuvre de diversion orchestrée par Bonaparte.

Quand la flotte alliée sort de Cadix le 20 octobre 1805 afin de rallier Naples, la chance sourit enfin à Nelson. Il intercepte les Français et les Espagnols le lendemain, à hauteur du cap de Trafalgar. Grâce à une formation de combat surprenante ainsi qu'à ses marins dévoués et compétents, l'amiral anglais écrase totalement ses adversaires. Il perd néanmoins la vie au cours de la bataille, abattu par un gabier (matelot spécialiste des voiles) du vaisseau français, le *Redoutable*.

L'Angleterre est en liesse, malgré le deuil de son héros disparu. Horatio Nelson est enterré à l'abbaye de Westminster et reçoit tous les honneurs.

CUTHBERT COLLINGWOOD, AMIRAL ANGLAIS

Né en 1750, Cuthbert Collingwood prend la mer pour la première fois à l'âge de 11 ans. En 1774, il part pour les États-Unis et participe à la bataille de Bunker Hill (17 juin 1775), considérée comme l'une des plus sanglantes de la guerre d'indépendance (1775-1782). Il est alors promu lieutenant.

En 1776, il reçoit le commandement d'un sloop (voilier plus petit qu'une frégate, qui dispose de 10 à 18 canons). L'année suivante, il fait la connaissance d'Horatio Nelson, avec qui il sert à bord du *HMS Lowestoffe*. Collingwood fait rapidement ses preuves, et ne cesse de gravir les échelons de la hiérarchie. Sous le commandement de l'amiral Richard Howe (1726-1799), il se distingue à la bataille d'Ouessant (1778), qui voit la France s'allier aux jeunes États-Unis pour contester la puissance coloniale anglaise. En 1797, il aide son ami Nelson à remporter la victoire lors de la bataille du cap Saint-Vincent. Deux ans plus tard, il reçoit le grade de contre-amiral pour services rendus.

En 1801, lors des affrontements avec la France, Collingwood participe au blocus de Brest. Après la paix d'Amiens, il reprend la mer dès le mois de mai 1803 pour contrer la flotte de Napoléon Bonaparte. Durant la bataille de Trafalgar, il se bat une nouvelle fois en compagnie d'Horatio Nelson. Quand ce dernier est tué, il reprend le commandement, poursuit le combat, et ramène une flotte anglaise victorieuse au pays.

Après le succès de Trafalgar, le contre-amiral anglais est largement récompensé. Il reçoit le titre de pair d'Angleterre et est nommé commandant en chef de toute la flotte méditerranéenne. En 1807 et 1808, Collingwood effectue de nombreuses opérations dans les Dardanelles. S'il ne participe plus à de grands combats navals, il maintient des blocus et dirige d'importantes négociations. Mais, peu à peu, sa santé décline, et il finit par s'éteindre sur son navire en mars 1810.

PIERRE CHARLES DE VILLENEUVE, VICE-AMIRAL FRANÇAIS

Pierre Charles de Villeneuve voit le jour en 1763 dans une famille noble. Rapidement, il émet le souhait d'embrasser une carrière maritime, à l'image de nombreux membres de sa famille. Il embarque comme aspirant-garde dès l'âge de 15 ans. Il devient enseigne de vaisseau en 1781, et participe à de nombreux combats contre les Anglais durant la guerre d'indépendance des États-Unis.

Pour services rendus, il devient lieutenant en 1786, et est affecté à la zone de la Méditerranée. Malgré ses origines nobles, il se range du côté de la Révolution. Promu capitaine de vaisseau en 1793, destitué de sa noblesse la même année, il récupère son titre en 1795 en tant que major général.

Durant la bataille d'Aboukir, en 1796, Villeneuve reste en retrait du combat. Il n'intervient pas dans l'affrontement, laissant l'amiral Brueys se faire submerger et tuer, car il n'a reçu aucune consigne l'incitant à combattre. À ce sujet, Napoléon déclarera d'ailleurs que le plus gros défaut de Villeneuve est de trop bien obéir aux ordres.

En 1800, Villeneuve est fait prisonnier à Malte, suite à la capitulation de l'île face aux Anglais. Après sa libération, il prend le commandement de la marine de Tarente en 1801, puis d'une division à Rochefort deux ans plus tard. Il est promu vice-amiral et devient commandant de l'escadre de Toulon, à la mort de l'amiral La Touche-Tréville (1745-1804). Il doit donc jouer un rôle essentiel dans la grande manœuvre navale programmée par Napoléon Ier, afin d'assurer un débarquement français en Angleterre. Le 21 octobre 1805, Villeneuve affronte Horatio Nelson au cap de Trafalgar. Même si le vice-amiral français connaît bien son adversaire, la flotte franco-espagnole est bien moins entraînée, disciplinée et équipée. Malgré quelques actions héroïques, les forces de Villeneuve accusent rapidement une sérieuse défaite. Il est d'ailleurs jugé responsable de celle-ci par Napoléon Ier. À l'issue de la bataille, le vice-amiral français est fait prisonnier et est libéré l'année suivante. Même si certains parlent d'assassinat, il semble que Villeneuve se suicide à Rennes le 22 avril 1806.

Au final, Pierre Charles de Villeneuve apparaît comme un bon marin, mais il est complètement dépassé par la tâche qui lui est assignée à Trafalgar. Ses indécisions et son pessimisme en font un très mauvais meneur d'hommes, alors qu'il affronte son parfait opposé, Horatio Nelson.

FEDERICO CARLOS, AMIRAL ESPAGNOL

Né en 1756, le futur duc de Gravina étudie à l'Académie des gardes-marines de Carthagène. En 1793, il s'illustre en défendant la ville de Toulon contre les forces françaises, et devient contre-amiral.

Après l'alliance entre la France et l'Espagne, les flottes des deux pays naviguent de concert. Envoyé à Paris en tant que représentant du gouvernement espagnol, Federico Carlos assiste en 1804 au sacre de Napoléon Ier.

Promu capitaine général des armées navales espagnoles, il rejoint l'escadre de l'amiral Villeneuve en 1805. Il commande l'escadre d'observation à la bataille de Trafalgar. Durant le combat, son navire est démâté, et il est mortellement blessé. Il parvient à s'enfuir jusqu'à Cadix, où il meurt de ses blessures le 9 mars 1806.

ANALYSE DE LA BATAILLE

LE GRAND DESSEIN

Au moment de la rupture de la paix d'Amiens, en 1803, la marine française se trouve dans un triste état. La flotte de Napoléon Ier ne compte plus qu'une cinquantaine de navires, tous peu entretenus et possédant un armement dérisoire, alors que son adversaire d'outre-mer en aligne trois fois plus. Par ailleurs, de nombreux officiers ont abandonné leur poste, et les équipages sont, pour la plupart, inexpérimentés.

L'empereur français lance donc de grands projets de construction navale pour être en mesure d'affronter son plus farouche adversaire. Il espère embarquer la Grande Armée (environ 167 000 hommes) à Boulogne, traverser la Manche sur une distance de 40 kilomètres, débarquer ses troupes entre Hastings et Douvres, puis avancer à marche forcée sur Londres. Ce projet de débarquement est appelé le « Grand Dessein ».

Pour mener à bien le plan de l'Empereur, 2 500 chalands sont construits entre le Havre et Anvers. Il s'agit de petits bateaux à voile prévus pour le transport. Chaque embarcation peut contenir une centaine d'hommes. Durant les préparatifs, Napoléon Ier supervise lui-même à plusieurs reprises l'avancement des chantiers et le programme d'entraînement au débarquement.

Cependant, pour avoir une chance de réussir, l'Empereur doit avant tout libérer la Manche de tout vaisseau de guerre anglais. En effet, les Britanniques surveillent toujours étroitement le détroit, et bloquent la plupart des ports sur le littoral nord. Napoléon Ier orchestre alors une grande manœuvre de diversion pour accomplir son projet. Malheureusement, la personne qu'il souhaite placer à la tête de l'opération, le talentueux Latouche-Tréville, décède en 1804. Il se résigne donc à désigner l'amiral Villeneuve pour accomplir son rêve, malgré son manque d'initiative notoire.

UNE MANŒUVRE DE DIVERSION AUDACIEUSE

Puisqu'un affrontement direct avec la *Royal Navy* est trop risqué, Napoléon Ier opte pour une diversion. Il compte envoyer sa flotte aux Antilles pour attaquer les colonies anglaises. Les navires français reviendraient ensuite à toute allure en Europe. Grâce à la dispersion des navires anglais, les côtes de Grande-Bretagne seraient ainsi plus vulnérables à un débarquement. D'une certaine manière, Napoléon Ier applique ainsi sur la mer des stratégies qui ont fait leur succès sur la terre : la rapidité et la surprise.

Reste un problème à résoudre : il est très difficile pour les navires de guerre français de quitter leur rade. Les principaux ports (Brest, Rochefort et Toulon) sont en effet bloqués par des navires anglais. Mais le 30 mars 1805, Pierre Charles de Villeneuve parvient à quitter Toulon au nez et à la barbe des Britanniques, grâce à un coup de mistral. Horatio Nelson est abusé : il croit dans un premier temps que les Français montent une nouvelle opération en Égypte. Le temps que l'amiral anglais se rende compte de son erreur, Villeneuve a déjà rallié Cadix, où il retrouve les forces de l'amiral Federico Carlos. À la flotte française constituée de 14 navires s'adjoignent six vaisseaux espagnols. L'escadre alliée fait alors route vers la Martinique.

L'amiral français Ganteaume (1755-1818) doit lui aussi rejoindre Villeneuve, mais il ne parvient pas à forcer le blocus de Brest. Il ne peut d'ailleurs attaquer la flotte anglaise, beaucoup plus nombreuse, suite à un ordre formel de l'Empereur. Il est donc contraint d'attendre un vent favorable qui, malheureusement, ne surviendra jamais.

Pierre Charles de Villeneuve et Federico Carlos effectuent quelques opérations aux Antilles, et parviennent à reprendre l'îlot du Diamant le 30 mai 1805. La flotte franco-espagnole retourne ensuite en Europe. Alors que le retour devait être rapide, ils subissent des vents contraires. Il faudra plus d'un mois et demi à Villeneuve pour traverser l'Atlantique.

UN PROJET QUI TOMBE À L'EAU

Mais les forces anglaises réagissent plus rapidement que prévu. La Royal Navy renforce ainsi sa présence dans la Manche, et les blocus autour des principaux ports français se resserrent plus encore. Et, à la fin du mois d'août, un événement vient définitivement enterrer le Grand Dessein de Napoléon Ier : les forces autrichienne et russe se massent à l'est pour menacer l'Empire français. La Grande Armée quitte alors le littoral nord pour se porter à leur rencontre, en direction de Vienne ; la flottille de Boulogne est démobilisée quelques jours plus tard. Napoléon tiendra Villeneuve pour responsable de cet échec, même si de nombreux facteurs indépendants de sa volonté ont mis fin à son grand projet.

L'Empereur souhaite néanmoins mettre sa flotte à profit. Il ordonne donc à Villeneuve de quitter Cadix, son port de mouillage, et d'engager le combat avec toute force inférieure en nombre, quelle qu'en soit l'issue. Les mots d'ordre sont « courage », « audace » et « action d'éclat ».

Villeneuve reçoit sa nouvelle mission le 27 septembre. Au vu des reproches de l'Empereur, l'amiral français déclare : « Puisque Sa Majesté pense qu'il faut de l'audace et du caractère pour réussir en marine, je ne laisserai rien à désirer. » (DUPONT (Amiral), « Trafalgar », in TULARD (Jean), Dictionnaire Napoléon, t. 2, Paris, Fayard, 1999, p. 864). Après avoir réuni son état-major, Villeneuve constate cependant que les alliés restent largement inférieurs à la flotte britannique. En effet, si Nelson et Collingwood bloquent le port de Cadix avec un nombre équivalent de navires, ils disposent tout de même d'équipages plus complets et bien mieux entraînés. Mais Horatio Nelson doit renvoyer cinq de ses vaisseaux se ravitailler, et un sixième rallier l'Angleterre. Villeneuve remarque donc que les Britanniques n'ont plus que 27 vaisseaux à opposer à ses 33 navires de guerre. Le 19 octobre, l'amiral français juge la situation propice à une attaque, selon les directives de Napoléon. Malgré les réserves de l'amiral Federico Carlos, Villeneuve donne donc l'ordre d'appareiller.

LA RÉPARTITION DES FORCES

Les forces françaises comptent 25 navires, commandés par le vice-amiral Villeneuve :

- 18 vaisseaux de ligne, dont quatre de 80 canons : le *Bucentaure* (vaisseau de l'amiral Villeneuve), le *Formidable*, l'*Indomptable*, et le *Neptune*. Ces vaisseaux sont le fer de lance de la guerre navale européenne. Grâce à leur tonnage élevé, ils peuvent compter de très nombreux canons ;
- cinq frégates. Il s'agit de navires de taille moyenne, souvent chargés des missions de reconnaissance et de la transmission des messages ;
- deux bricks. Ce sont des navires munis de deux mâts, très rapides.

Les vaisseaux sont relativement récents, mais leurs gréements (mâts, vergues, voiles et manœuvres permettant de propulser un navire à voiles) sont de mauvaise qualité. Certains ne sont pas complètement réparés depuis la bataille des Quinze-Vingt, qui a eu lieu trois mois plus tôt. Au vu des troupes débarquées aux Antilles, les équipages français, qui devraient compter 15 000 hommes, n'en alignent que 13 000. De plus, les bateaux sont armés avec de petits obusiers, bien moins efficaces que les puissantes caronades anglaises. Ces dernières seront d'ailleurs équipées sur tous les vaisseaux français en 1806, après la défaite de Trafalgar.

LES CARONADES

Ces pièces d'artilleries, qui ne sont pas comptées dans le nombre de canons d'un navire, permettent de cracher rapidement de la mitraille sur les ponts adverses, afin de balayer les hommes et d'abîmer la voilure.

Les forces espagnoles, commandées par le lieutenant général Federico Carlos, possèdent 15 vaisseaux de ligne, dont :

- un quatre-ponts de 130 canons, le *Santissima Trinidad* ;
- deux trois-ponts de 110 canons, le *Santa Ana* et le *Principe de Asturias* ;
- un vaisseau de 100 canons, le *Rayo* ;
- deux vaisseaux de 80 canons, l'*Argonauta* et le *Neptuno*.

Malgré leurs tonnages imposants et leur grand nombre de canons, les vaisseaux espagnols sont médiocres et leurs équipages mal entraînés. En effet, beaucoup de marins naviguent pour la première fois. Par conséquent, Napoléon Ier prévoit que deux navires espagnols seront nécessaires pour s'opposer à un seul vaisseau anglais de même puissance.

Les forces anglaises, commandées par l'amiral Nelson, comportent quant à elles 33 navires, à savoir :

- 27 vaisseaux de ligne. Les mieux armés comptent au moins 100 canons : le *HMS Victory* (bateau du vice-amiral Nelson), le *HMS Royal Sovereign* (où se trouve Collingwood), et le *Britannia* ;
- quatre frégates ;
- deux avisos : un cotre et une goélette, qui sont de petits navires rapides principalement utilisés pour les communications.

Les navires britanniques ne comptent au total que 2 200 canons, face aux 2 600 des Français et des Espagnols. Cependant, les canonniers anglais sont très bien entraînés, et ils utilisent des caronades, dont ne sont pas équipés les Français.

LA BATAILLE DE TRAFALGAR

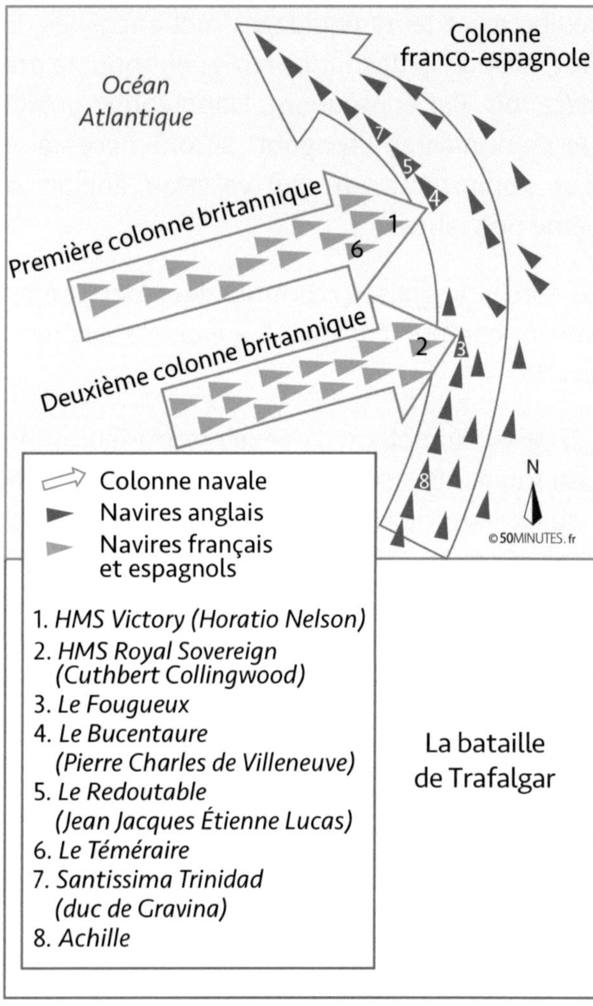

Le 21 octobre, à l'aube, les deux flottes adverses sont en vue. Horatio Nelson attend les forces alliées au large du cap de Trafalgar, que les Anglais connaissent très bien. C'est un passage obligatoire pour passer de l'Atlantique à la Méditerranée, et la navigation y est difficile : on y trouve des bancs de sable, des courants forts, des vents violents et des marées changeantes. Ce jour-là, les navires de Nelson sont avantagés par le vent. Mais quelles que soient les conditions atmosphériques, les équipages britanniques maîtrisent bien mieux leurs vaisseaux que leurs adversaires, et sont capables d'effectuer toutes les manœuvres malgré une mauvaise météo et des courants contraires.

Horatio Nelson souhaite une attaque rapide pour remporter une victoire décisive. Les Anglais étant inférieurs en nombre, le combat pourrait tourner en faveur des Français s'il se prolonge. Il suppose que ses adversaires combattront en ligne, selon une formation standard. Par conséquent, si les navires britanniques se placent parallèlement à cette formation de combat, ils perdront un temps précieux. Nelson applique donc une stratégie singulière : il utilise sa formation de marche comme formation d'attaque. Deux lignes de navires anglais vont donc couper perpendiculairement la formation de combat française. Nelson en dirigera une, tandis que Collingwood prendra la tête de l'autre. En perçant rapidement la ligne adverse, Nelson espère ainsi atteindre rapidement le vaisseau-amiral ennemi, et capturer ce dernier avant que les extrémités de la ligne alliée ne puissent lui venir en aide.

Malgré les nombreux reproches adressés à Villeneuve, l'amiral français reste toutefois un bon marin. Il connaît bien Nelson et sait que les Anglais ne vont pas l'attaquer de manière classique. Il prend donc ses dispositions en demandant à tous ses amiraux de tenir une ligne très serrée, que les ennemis ne pourront traverser. Il craint en effet l'isolement de ses navires qui, l'un après l'autre, risquent de sombrer sous les assauts des équipages britanniques expérimentés. Malheureusement, Villeneuve constate que les forces alliées ne parviennent pas à respecter ses demandes du fait de leur manque d'expérience.

Durant toute la matinée du 21 octobre, les Français et les Espagnols tentent de se mettre en position. Mais en vain : la houle et la faible brise compliquent les manœuvres des équipages peu entraînés. Les Anglais, de leur côté, appliquent parfaitement le plan de Nelson : ils se scindent en deux colonnes, et foncent directement vers les positions ennemies. Pour les Français, les conditions sont pires que tout ce qu'avait pu imaginer Villeneuve : plusieurs bateaux n'ont pas réussi à se mettre en formation, et la ligne des navires alliés présente des brèches.

À midi, le *Fougueux*, un vaisseau français qui dispose de 74 canons, lance le début des hostilités en ouvrant le feu sur le *HMS Royal Sovereign*, le navire de Collingwood. Ce dernier est rudement endommagé, mais la suite de sa colonne lui porte rapidement secours. Les navires britanniques commencent alors leur manœuvre d'isolement et canonnent les vaisseaux adverses de part et d'autre.

Quinze minutes après l'attaque de Collingwood, la colonne de Nelson entre au combat. Le vaisseau-amiral *HMS Victory* s'insère dans une brèche laissée dans la formation franco-espagnole, et attaque directement le *Bucentaure*, où se trouve Villeneuve. Mais le *Redoutable*, commandé par le capitaine Jean Jacques Étienne Lucas

(1764-1819), vient intercepter le *HMS Victory* pour protéger son vaisseau-amiral.

Villeneuve ordonne alors à chaque vaisseau de sa flotte d'attaquer le navire adverse le plus proche. La plupart des navires alliés de l'avant-garde ne réagissent pas, malgré l'urgence des instructions. Quant à l'arrière-garde, elle est surprise par les manœuvres d'isolement des Britanniques, et s'enlise dans la confusion des combats particuliers. Plusieurs navires français se portent pourtant au secours de leurs alliés attaqués. Mais comme une dizaine de vaisseaux ne réagissent pas, la flotte de Napoléon Ier est rapidement dépassée.

Pendant ce temps, le *Redoutable* du capitaine Lucas est toujours aux prises avec le *HMS Victory*. Les Français arrosent le pont du vaisseau-amiral anglais avec des tirs de mousquet et des grenades. À 13 h 30, l'un des marins du *Redoutable* tire sur l'amiral Nelson, le blessant mortellement. Ce dernier survivra cependant jusqu'à la fin de la bataille, et pourra donc continuer à donner ses instructions. Alors que le capitaine Lucas s'apprête à passer à l'abordage du *HMS Victory*, il est interrompu par l'arrivée du Téméraire, un navire anglais qui compte 98 canons. Coincé entre deux trois-ponts britanniques, son équipage pratiquement exterminé, et lui-même blessé, le capitaine Lucas refuse pourtant de se rendre.

Le *Bucentaure*, le vaisseau-amiral français, est lui aussi dévasté. Villeneuve tente de regrouper une nouvelle fois ses forces, mais ses ordres, mal compris, ajoutent encore à la confusion. Complètement démâté, son vaisseau part à la dérive. Villeneuve tente alors de se rendre sur un autre navire pour poursuivre le combat, mais toutes les embarcations sont inutilisables. L'amiral français finit donc par se rendre, tandis que les navires alliés rescapés se replient vers les côtes. Sur le *Santissima Trinidad*, le vaisseau-amiral espagnol, la situation n'est guère meilleure. Federico Carlos est gravement blessé, et mourra de ses blessures quelques mois plus tard.

Les pertes alliées sont énormes, et les suites de la bataille vont encore les alourdir. Le soir, le vent devient de plus en plus fort et se transforme en tempête. L'*Achille*, un vaisseau français qui brûle depuis des heures, finit par exploser. Avec la tempête qui approche, les vainqueurs doivent abandonner de nombreuses prises.

Le 4 novembre, le combat du cap Ortegal vient conclure la bataille. Le contre-amiral français Pierre Dumanoir Le Pelley (1770-1829), présent sur le *Formidable*, mène quatre vaisseaux vers Rochefort. Mais il est rattrapé par la division de l'anglais Richard Strachan (1760-1828), qui peut s'appuyer sur des vaisseaux intacts. Pierre Dumanoir Le Pelley fait front, mais ses vaisseaux tombent les uns après les autres et sont capturés.

ISSUE DE LA BATAILLE DE TRAFALGAR

Cette bataille navale est une écrasante victoire pour la flotte britannique. Les chiffres parlent d'eux-mêmes :

- du côté anglais, aucun navire n'est perdu. On déplore toutefois 400 morts et 1 200 blessés ;
- du côté français, 13 vaisseaux sont perdus sur 18. Si six d'entre eux sont capturés, les autres sombrent en pleine mer. On dénombre 3 400 morts et 1 200 blessés ;
- du côté espagnol, neuf vaisseaux sont perdus sur 15. Sept ont été pris par les Anglais, alors que d'autres ont dû être abandonnés en cours

de route. Les pertes espagnoles se chiffrent entre 1 000 et 2 500, blessés et tués compris.

Avant de mourir, Nelson apprend son éclatante victoire. Il s'éteint en murmurant : « Dieu merci, j'ai fait mon devoir. » (HIBBERT (Christopher), *Nelson : A Personal History*, Cambridge, Da Capo Press, 1996, p. 376) Villeneuve, qui est fait prisonnier, assiste aux obsèques grandioses de son adversaire. Il est ensuite libéré, après avoir donné sa parole qu'il ne prendra plus les armes contre l'Angleterre. Il meurt quelques mois plus tard, s'étant probablement suicidé.

RÉPERCUSSIONS DE LA BATAILLE

UN DÉSASTRE FRANÇAIS MINIMISÉ

La bataille de Trafalgar est une énorme défaite navale pour la France. La flotte de Napoléon Ier ne compte désormais plus qu'une trentaine de vaisseaux, alors que l'Angleterre en aligne plus de 140. Au vu de ses nombreuses pertes, l'Empereur doit abandonner définitivement son rêve d'envahir l'Angleterre. De plus, ses colonies sont à présent menacées.

Pourtant, la presse napoléonienne minimise la défaite. Les pertes sont présentées comme s'étant produites au cours d'une violente tempête, suite à un combat engagé imprudemment. Il faut rappeler que Napoléon Ier, à l'époque, enchaîne les victoires sur la terre ferme. La veille de la bataille de Trafalgar, il écrase les Autrichiens à la bataille d'Ulm, tout en limitant les pertes françaises. Le 2 décembre, c'est le triomphe d'Austerlitz, peut-être sa plus grande victoire, au cours de laquelle il parvient à repousser les forces autrichiennes et russes. Le 26 décembre, il signe la paix de Presbourg, qui met fin à la troisième coalition : l'Autriche se retire du conflit et laisse l'Angleterre isolée face à la France. Toutes ces grandes victoires sur le continent permettent à Napoléon de passer plus facilement sous silence le désastre de Trafalgar.

LES COALITIONS CONTRE LA FRANCE

Pour vaincre son coriace adversaire français, l'Angleterre finance une série d'alliances entre les puissances européennes. On retrouve ainsi :

- la troisième coalition, en 1805, qui regroupe l'Angleterre, la Russie et l'Autriche ;
- la quatrième coalition, en 1806 et 1807, qui comprend l'Angleterre, la Prusse, la Suède et la Russie ;
- la cinquième coalition, en 1809, qui rassemble l'Angleterre et l'Autriche ;
- la sixième coalition, entre 1812 et 1814, qui regroupe l'Angleterre, la Russie et la Prusse, auxquelles se joignent la Suède,

l'Autriche et de petits États allemands. Cette coalition force Napoléon à abdiquer ;

- la septième coalition, en 1815, qui réunit l'Angleterre, la Russie, la Prusse, la Suède, l'Autriche, les Pays-Bas et de nombreux États allemands. Elle met fin aux Cent-Jours de Napoléon et à sa tentative pour reprendre le pouvoir. L'Empereur est définitivement exilé.

Si la défaite est atténuée, Napoléon Ier porte toutefois une sévère rancune à l'encontre de Villeneuve, même si celui-ci s'est suicidé. Il faut attendre l'année 1840 pour que le défunt amiral retrouve un honneur posthume. En effet, à cette époque, une commission reçoit la mission de déterminer les noms des grands amiraux français qui auront le droit de figurer sur l'Arc de Triomphe. Le nom de Villeneuve est approuvé, et trône donc aujourd'hui au milieu d'autres grandes figures.

En 1808, durant la bataille de Cadix, le vice-amiral Rosily (1748-1832), successeur de Villeneuve, perd les six vaisseaux et les frégates rescapés de la campagne d'Angleterre. Napoléon lance alors un nouveau programme de construction navale. Mais la France est incapable de rattraper son retard, et reste dépassée par la marine anglaise.

La bataille de Trafalgar apparaît donc comme la première épine dans le pied de Napoléon. Elle permet en effet à l'Angleterre de fermer définitivement son blocus continental. Certains historiens affirment même que, dès 1805, les Britanniques ont déjà gagné l'affrontement contre l'Empereur. C'est donc une guerre d'usure que mène l'Angleterre, bien retranchée sur son île, protégée par la plus puissante flotte du monde.

LA SUPÉRIORITÉ NAVALE ANGLAISE

Alors que la France préfère oublier Trafalgar, l'Angleterre exulte. Elle porte son nouveau héros aux nues : l'amiral Nelson reçoit tous les honneurs. La bataille donne également son nom à l'une des plus célèbres places de Londres, que l'effigie de Nelson domine du haut de sa colonne. Elle inspire aussi de nombreuses œuvres en littérature, peinture et en musique. C'est donc tout le contraire de la France, où l'on raconte que si les Français portent la cravate noire, c'est en signe de deuil pour la flotte de Villeneuve. Le conflit est également passé dans le langage courant : un « coup de Trafalgar » signifie, en France, que l'on subit un échec cuisant.

L'Angleterre a, quant à elle, toutes les raisons de se réjouir, car cette victoire est déterminante pour l'avenir du pays. En s'assurant la maîtrise des mers, le Royaume-Uni contrôle également les colonies. L'empire de la mer lui appartient pour au moins un siècle, et le pays devient la première puissance mondiale. Mais par cette victoire, l'Angleterre continue également à entretenir la haine des Français. Il faut attendre 1904 et l'Entente cordiale pour que les rivalités incessantes entre les deux pays diminuent. En attendant, la France et l'Angleterre continueront à se considérer comme des ennemis de part et d'autre de la Manche.

EN RÉSUMÉ

1798
1er-2 août : Bataille d'Aboukir

1803
18 mai : Rupture de la paix d'Amiens

1805
Avril-juin : Constitution de la troisième coalition contre la France

21 oct. : **Bataille de Trafalgar**

2 déc. : Bataille d'Austerlitz

26 déc. : Signature de la paix de Presbourg

1806
Formation de la quatrième coalition

1814
6 avril : Première abdication de Napoléon Ier

1815
1er mars-7 juill. : Cent-Jours

18 juin : Bataille de Waterloo ; fin des guerres napoléoniennes

- Aux XVIIe et XVIIIe siècles, la France et l'Angleterre sont perpétuellement en guerre. Les deux régimes politiques sont inconciliables, et la lutte pour les colonies mondiales est féroce.
- Les tensions montent encore d'un cran quand Napoléon Ier accède au pouvoir, en 1799. Après l'éphémère paix d'Amiens, les rivalités reprennent de plus belle en 1803. Pour se débarrasser de son plus coriace adversaire, l'Empereur prévoit de débarquer directement en Angleterre. Il lance la construction d'une immense flottille pour traverser la Manche, mettant sur pied son Grand Dessein.
- Pour que le débarquement soit possible, il faut que la flottille parvienne à forcer le blocus de la *Royal Navy*. Une grande opération de diversion est alors prévue aux Antilles, dirigée par l'amiral Villeneuve, afin d'attirer la flotte britannique en Amérique. Une fois la Manche dégagée, la Grande Armée de Napoléon pourra ainsi atteindre les côtes anglaises.
- Mais son projet échoue : l'amiral anglais Nelson, qui poursuit Villeneuve, réagit plus rapidement que prévu. La météo joue également en la défaveur des Français et retarde leurs navires dans leur opération. De plus, la

Grande Armée est réquisitionnée pour aller à Vienne, suite à la déclaration de guerre des forces austro-russes.

- Ayant reçu de nombreux reproches de la part de l'Empereur, Villeneuve se sent obligé de déclencher la bataille de Trafalgar pour réaliser un coup d'éclat. Malgré une supériorité numérique, les forces franco-espagnoles sont désavantagées par la météo, leurs équipages peu entraînés et la médiocrité de leurs navires.
- L'amiral Nelson attaque les navires alliés de manière frontale et les isole systématiquement. Sa stratégie surprend la plupart de ses adversaires. Malgré quelques actions courageuses, les Français et les Espagnols sont rapidement submergés. C'est une écrasante victoire pour les Britanniques, même si l'amiral Nelson est tué au cours du combat.
- La défaite de Trafalgar brise définitivement le rêve napoléonien : l'Empereur ne pourra jamais débarquer en Angleterre. Durant le siècle suivant, la *Royal Navy* conservera sa supériorité sur les mers, ce qui renforcera son puissant empire colonial.

Votre avis nous intéresse !
Laissez un commentaire sur le site de votre
librairie en ligne et partagez vos coups de cœur sur
les réseaux sociaux !

POUR ALLER PLUS LOIN

SOURCES BIBLIOGRAPHIQUES

- BATTESTI (Michèle), *Trafalgar. Les aléas de la stratégie navale de Napoléon*, Paris, Napoléon Ier Éditions, 2004.

- BAXTER (Thomas) et WILLIAMS (Charles), *History, Commemoration, and National Preoccupation : Trafalgar. 1805-2005*, Oxford, Oxford University Press, 2007.

- BERTAUD (Jean-Paul), *Le Consulat et l'Empire. 1799-1815*, Paris, Colin, 1989.

- CAWTHORNE (Nigel), *Les plus grandes batailles de l'histoire*, Champs-sur-Marne, Original Découverte, 2012.

- CHASSAIGNE (Philippe), « L'Angleterre, ennemie héréditaire ? », in *Revue historique des armées*, n° 264, Paris, Service historique de la Défense, 2011.

- HIBBERT (Christopher), *Nelson : A Personal History*, Cambridge, Da Capo Press, 1996.

- HOMET (Jean-Marie), « Trafalgar, la mer sera anglaise ! », in *L'Histoire*, n° 298, Paris, Sofia Publications, mai 2005.

- PIOUFFRE (Gérard), « Aboukir », in *Navires et Histoire*, n° 11, Boulogne-sur-Mer, Lela Presse, avril 2002.

- THOMAZI (Auguste), *Les marins de Napoléon*, Paris, Tallandier, 2004.

- TULARD (Jean), *Dictionnaire Napoléon*, Paris, Fayard, 1999.

- TULARD (Jean), *Le Grand Empire. 1804-1815*, Paris, Albin Michel, 2009.

SOURCES COMPLÉMENTAIRES

- FLEURY (Georges), *Nelson : le héros absolu*, Paris, Flammarion, 2004.

- HUMBERT (Jean-Marcel) et PONSONNET (Bruno), *Napoléon et la mer : un rêve d'Empire*, Paris, Le Seuil, 2004.

- LE MOING (Guy), *Les 600 plus grandes batailles navales de l'histoire*, Rennes, Marines Éditions, 2011.

- MONAQUE (Rémi), *Trafalgar, 21 octobre 1805*, Paris, Tallandier, 2005.

- MURACCIOLE (José), « Les opérations navales de 1805 et la bataille de Trafalgar », in *Revue du Souvenir napoléonien*, n° 270, juillet 1973.

DOCUMENTAIRES

- *Trafalgar 1805*, documentaire réalisé par Daniel Costelle, France, 1974.

- *Trafalgar*, documentaire réalisé par Fabrice Hourlier, France, 2006.

BÂTIMENTS ET ÉVÉNEMENTS COMMÉMORATIFS

- Le cimetière marin de Trafalgar, dans le carré de Gibraltar (Royaume-Uni).

- Trafalgar Square et la statue de Nelson, Londres (Angleterre).

- Le *Trafalgar Day* est un jour de fête nationale au Royaume-Uni. Bien que moins célébré depuis la Première Guerre mondiale (1914-1918), le bicentenaire de l'événement a donné lieu à de nombreuses commémorations. La cathédrale Saint-Paul, où a été enterré Nelson, a ainsi organisé six jours de célébration. La *Royal Navy* et la marine française ont également effectué des manœuvres navales au cap de Trafalgar.